Der Vampir

Eine Erinnerung von
Paul Grabein

Edition Dornbrunnen

Kleine Dornbrunnen Bibliothek

Korrekturen und Lektorat: Stephan Bauer und Meiko Richert

Die Deutsche Nationalbibliothek verzeichnet diese Publikation in der Deutschen Nationalbibliografie; detaillierte bibliografische Daten sind im Internet über
http://dnb.d-nb.de
abrufbar.

2021

ISBN 978-3-943275-56-8

Sven-R. Schulz, Dornbrunner Straße 16, 12437 Berlin
www.edition-dornbrunnen.de
Titelgestaltung: Sven-R. Schulz

Druck und Vertrieb: Book on Demand GmbH, Norderstedt
PNKDB8

Inhalt

Der Vampir

Eine Erinnerung

Es war am Allerseelentage[1]. Über dem blauen Spiegel des Genfer Sees und den violetten Bergketten der savoyischen Alpen lag der feine Schleier, den die Herbstluft spinnt. Ich wanderte den Weg entlang, der oberhalb Clarens entlang führt, vorbei an dem alten Friedhof. Es ist mir eine liebe Gewohnheit, an diesem Tage der Stätte der stillen Schläfer einen Besuch abzustatten, und so tat ich es auch diesmal.

Langsam wandelte ich durch die Gräberreihen, hie und da eine verwitterte Inschrift entziffernd, die oft ein ganzes Menschenschicksal mit wenigen Zahlen und Worten andeutete. Nur wenigen Besuchern begegnete ich auf diesem einsamen Wege; doch plötzlich sah ich mich einem Bekannten gegenüber, dem alten Doktor Gérard, dem Arzt drunten in Montreux, mit dem ich als langjähriger Wintergast dortselbst in nähere Beziehungen gekommen war.

Doktor Gérard stand, in tiefes Sinnen verloren, vor

---

[1] 2. November.

einem Grabhügel, den frischer Blumenschmuck deckte. Was mochte den alten Herrn zu diesem Grabe ziehen? So viel ich wusste, war er Junggeselle und hatte auch niemals Verwandte am Orte wohnen gehabt. Ein teilnehmendes Interesse trieb mich dazu, mich ihm zu nähern und ihn zu begrüßen. Doktor Gérard sah bei meinem Gruße auf, ein wenig erstaunt; seine Miene war ernst, auch als wir nun miteinander sprachen. Mein Blick flog dabei über das Grab. An seinem Kopfende stand ein schlichtes Marmorkreuz mit einer verblichenen kurzen Goldinschrift, die ich aber noch zu lesen vermochte. Sie war in französischer Sprache abgefasst und lautete nur:

»Wila Balcesku, geboren 1839, gestorben 1857.«

»Hier ruht ein junges Mädchen«, sagte ich, auf das Grab deutend. »Das arme Kind ist nicht alt geworden. Gewiss wohl eine Ausländerin, die hier Heilung für ein Lungenleiden suchte und einen frühen, einsamen Tod fand?«

Doktor Gérard erwiderte langsam:

»Sie mutmaßen richtig«, und seine Augen hefteten sich mit einem tiefen, der Umgebung nicht achtenden Blick auf die Inschrift, als wollte er aus ihren dürftigen Daten die Gestalt der früh Verblichenen vor sich auferstehen lassen.

Ich ehrte sein Empfinden durch Schweigen. Endlich schien er sich meiner wieder zu entsinnen. Mit einer Bitte um Entschuldigung schlug er mir vor, mit ihm den Heimweg anzutreten. Wir schritten eine Weile nebeneinander, gleichgültige Bemerkungen tauschend, bis Doktor Gérard plötzlich äußerte:

»Ich sah wohl, dass Sie Interesse an dem Schicksale des armen Kindes da oben nehmen. Wenn Sie mögen, erzähle ich Ihnen, was ich von ihr weiß.«

Nachdem ich versichert hatte, dass ich mit warmer Teilnahme davon hören würde, begann Doktor Gérard zu erzählen:

»Ich war im Jahre 1855 als junger Arzt aus Paris hierhergezogen, da meine Gesundheit damals noch nicht ganz fest war, und war nun eifrig dabei, mir eine Praxis zu schaffen. Montreux war dazumal, gegen heute genommen, noch in einem Kinderstadium seiner Entwicklung als Kurort; dennoch aber hatten wir schon in jener Zeit Fremde und Ausländer in ziemlicher Zahl hier. Es war im Anfang des Jahres darauf, als ich an einem Februartage in das Hotel zu einer Kranken gerufen wurde. Es war einer jener hässlichen Tage, wo die ›Bise‹, jener kalte, schneidende Nordostwind, über den See strich und den armen Brustleidenden viel zu schaffen machte. Im Hotel wurde ich von einem älteren Herrn empfangen. Er begrüßte mich in französischer Sprache, doch merkte ich ihm den Ausländer an. Er gab sich denn auch als ein rumänischer Advokat zu erkennen, der mit seinem Mündel, der verwaisten Tochter eines ihm befreundeten Land-Edelmannes, hierhergereist sei, um für ihre angegriffene Gesundheit etwas zu tun. Das junge Mädchen hatte zuletzt in Paris gelebt, wo es in einem Kloster mit anderen jungen Damen standesgemäße Erziehung erhalten hatte. Von dort hatte er sie in Begleitung ihrer alten Amme abgeholt, um sie nach hier zu bringen, wo sie gerade erst angekommen waren. Die Reise im Wagen hatte bei dem rauen Wetter das Befinden des jungen Mädchens so verschlechtert, dass es ärztlicher Hilfe dringend bedurfte. So wurde ich denn zu der Patientin geführt; es war Wila Balcesku.

Ich fand das junge Mädchen auf einem Ruhebett liegend, fiebernd, mit Decken eingehüllt; neben ihr saß die alte Amme. Wila war bleich und abgefallen, aber dennoch war ihr zartes Gesichtchen und ihre ganze ätherische Erscheinung von einem bezaubernden, fast überirdischen Reiz. Noch nie hatte ich von der ersten Sekunde an eine solche warme Sympathie für einen mir völlig fremden Menschen gespürt, und ich gelobte mir in dieser Stunde, was in die Macht des Arztes gegeben ist, mit unermüdlichem Eifer zu versuchen, um diese süße, zarte Mädchenknospe zu erhalten und zum Aufblühen zu bringen.

Und meine Sorgfalt hatte allmählich Erfolg. Langsam hob sich der Zustand Wilas. Ihre Kräfte nahmen zu, und auf ihrem lieben Gesichtchen begannen sich die zarten Rosen wiederkehrender Gesundheit zu zeigen. Angesichts dieses guten Erfolges kehrte der Vormund in die Heimat zurück, nachdem er das junge Mädchen auf meinen Rat in einem schön und geschützt gelegenen Landhause in der Nähe zwischen den Weinbergen untergebracht hatte, wo die gutmütigen Pächtersleute eine sorgfältige Pflege gewährleisteten.

Nun begann eine köstliche Zeit für mich. Meine täglichen, oft mehrmaligen und ausgedehnten Besuche bei Wila hatten zwischen uns beiden eine gute Bekanntschaft, ja Freundschaft vermittelt. Sie hatte zu mir als Arzt vollstes Vertrauen gewonnen, und in ihrer naiven, anschmiegsamen Art hatte sie sich daran gewöhnt, mich überhaupt an ihren Sorgen und Gedanken teilnehmen zu lassen, meinen Rat und Zuspruch bei allem, was sie bewegte, in Anspruch zu nehmen. Sie können wohl verstehen, wie glücklich mich das freundschaftliche Vertrauen dieses herrlichen Geschöpfes machte. Und als dann die köstlichen warmen Tage kamen und ich in freien Stunden an ihrer Seite durch die grünen, duftenden Matten und Weinberge wandelte, sorgsam über jeden ihrer Schritte wachend, wenn ich die reine kindliche Freude über die Blütenpracht auf unseren Fluren, über die Schönheit unserer Berge ihr süßes Gesichtchen verklären sah, wenn mich ihr warmer Dankesblick nach kleinen Dienstleistungen traf, wenn sie mir von ihrer Jugend in der fernen Heimat, dem fremdartigen Leben dortselbst erzählte, meines teilnehmenden Interesses gewiss – das war eine Zeit so reinen, hohen Glückes und stillverborgenen Hoffens für mich, wie sie niemand ausdenken kann.

Doch es blieb nicht so; es war wohl zu schön, als dass es Bestand haben konnte.

Der Zustand Wilas hatte sich so erfreulich gebessert, dass ich ihr erlauben konnte, an den geselligen Freuden teilzunehmen, soweit sie damals Montreux bot. Ich veranlasste sie so unter anderem auch, an der Mittags-Table d'hôte[1] im Hotel *Cygne*[2] teilzunehmen, das um jene Zeit die Angehörigen der ersten Gesellschaft beherbergte, und wo ich sie unter den Schutz eines mir wohlbekannten älteren Ehepaares stellen konnte. Wenn es meine Zeit erlaubte, nahm ich auch hier an ihrer Seite meine Mahlzeit ein, und es war mir eine stille Freude zu beobachten, wie sich ihr bisher an stille Einsamkeit gewöhntes Wesen allmählich im gesellschaftlichen Verkehre erschloss und lieblich entfaltete.

So war ich auch eines Tages wieder mit Wila im *Cygne* zusammen und in heiterer Unterhaltung mit ihr und ihren Beschützern begriffen. Es bot sich an diesem Tage gerade besondere Gelegenheit zu interessanten Beobachtungen an der Tafel, als die Post eine größere Anzahl von Fremden aus Lausanne hergebracht hatte. Ich tauschte mit Wila, die neuen Ankömmlinge musternd, denn auch manche Bemerkung über diese aus. Plötzlich nahm ich eine seltsame Änderung an ihr wahr. Eben noch ganz heiter und ge-

[1] *Table d'hôte* = Tisch des Gastgebers. Es bezeichnet die Wirtstafel in einem Gasthaus (Hotel) mit festem Preise für das Gedeck, an der die Gäste gemeinschaftlich teilnehmen, ohne sich bestimmte Speisen bestellen zu können.

[2] Schwan; also wohl soviel wie *Hotel zum Schwan*.

sprächig, verstummte sie mit einem Male. Sie wurde blass, ihr ganzes Wesen verriet eine tiefe, innere Beunruhigung, und ihre weit geöffneten Augen starrten mit einem geheimnisvollen, geängstigten Ausdruck wie gebannt zu dem hinten im Saale gelegenen Teile der hufeisenförmigen Tafel hinüber. Ich folgte der Richtung ihres Blickes. Dort drüben saß unter den übrigen angekommenen Fremden ein Herr mit auffallend bleichem Gesichte, mit schwarzem Haare und spitzgeschnittenem Vollbart. Was dem Antlitz des Fremden namentlich einen seltsamen, dämonischen Ausdruck verlieh, waren die tiefdunklen Augen mit ihrem kalten, aber durchbohrenden Blick und die auffallend roten Lippen, die sonderbar von dem bleichen Gesichte abstachen. Der Fremde hatte offenbar meine Nachbarin anhaltend fixiert, doch als er bemerkte, dass ich auf ihn aufmerksam wurde, wandte er sich einem neben ihm sitzenden Herrn zu, unser nicht mehr achtend. Ich erkundigte mich teilnehmend bei Wila, was ihr wäre. Sie erwiderte mir, dass sie plötzlich von einem unerklärlichen Angstgefühl befallen worden wäre, und als sie, wie einem dunklen Zwange folgend, die Augen nach einer bestimmten Richtung gelenkt habe, hätte sie nun gesehen, wie sie der Fremde mit seinen durchdringenden Blicken beständig angestarrt habe. Sie habe wegsehen wollen, aber trotz aller Anstrengungen und der Angst, die sie empfand, habe sie es nicht vermocht; wie unter einem Zauberbann habe sie immer in die dämonisch beherrschenden Augen des Fremden sehen müssen. Ich suchte das aufgeregte junge Mädchen zu beruhigen. Bei ihrer sensiblen Natur sei der Eindruck dieses allerdings etwas unheimlich aussehenden Menschen wohl erklärlich; sie solle sich aber gar nicht mehr um ihn kümmern.

Wila gehorchte auch meinem Rat. Aber ich sah, wie es sie[1] offenbar große Überwindung kostete, nicht nach ihm hinüberzusehen, und dass sie darum zumeist ihre Blicke gewaltsam vor sich auf den Teller heftete. Als wir dann vom Tische aufstanden, schon etwas eher als die Übrigen, und zum Saale hinausgingen, schritt Wila mit gesenkten Augen neben mir. Plötzlich sah ich sie wieder erbleichen und ein leises Zittern ihren zarten Körper überfliegen. Von einer Ahnung getrieben, drehte ich mich schnell um, und richtig, da saß der unheimliche Mensch wieder, nach vorn gebeugt und mit seinem faszinierenden Blicke nach meiner Begleiterin starrend. Über mich kam in diesem Augenblicke ein grimmiger Hass auf den Fremden, der die Ruhe meiner so sorgsam bewachten Patientin so gefährdete, und mein Auge verriet ihm dies wohl; denn abermals wandte er sofort den Blick von mir ab und kehrte sich zu seinen Nachbarn. Ich aber nahm Wilas Arm mit freundschaftlich warmem Drucke in den meinen und führte sie schnell hinaus.

Es war nur begreiflich, dass ich zu erkunden such-

[1] Im Original: ihr.

te, wer der Fremde war, und es fiel mir nicht schwer, das zu erfahren.

Er nannte sich Miklós[1] Jassy, sollte Ungar von walachischer Herkunft und Künstler, ein großer Geiger, sein.

Anstrengende Tätigkeit in meinem Berufe nahm mich einige Tage so in Anspruch, dass ich nicht zur Mittagstafel in den *Cygne* kam und so auch Wilas Gesellschaft verlustig ging. Als ich am dritten Tage endlich dazu kam, fand ich sie zu meinem Erstaunen nicht dort vor und hörte, dass sie überhaupt seit unserem letzten Beisammensein nicht mehr zur *table d'hôte* gekommen war. Unverzüglich eilte ich zu ihr, aber meine Besorgnis war gottlob grundlos.

Wila war ganz wohl, nur wollte sie für einige Zeit nicht ins Hotel zu Tisch gehen, um die Eindrücke von neulich zu verwischen. Als ich ihr berichtete, dass der Fremde nicht mehr dort weile, sondern in ein anderes Hotel gezogen sei, schien sie sehr froh und versprach, am anderen Tage wiederkommen zu wollen. Beim Abschiede erwähnte sie noch, dass sie wohl gern in ein für den Nachmittag angesagtes Konzert gehen möchte, und fragte mich, ob ich es ihr erlauben und sie nicht begleiten wollte. Wiewohl mich eine dunkle Ahnung davon abhalten wollte, mochte ich ihr doch diese Zerstreuung nicht versagen und versprach, sie abzuholen.

Wir waren des Abends im Konzertsaale zusammen,

---

[1] Im Original: Mikloß.

wo wir in einer der ersten Reihen saßen. Schon war der Hauptteil des Programmes erschöpft, da trat aus dem Nebenraume, wo die Künstler sich aufhielten, der ungarische Geiger Miklós Jassy auf das Podium. In banger Sorge schaute ich auf Wila, die aber die Erregung, welche sie unzweifelhaft wieder befallen hatte, mit einer mich befremdenden Energie niedergekämpft hatte. Doch ich behielt nicht viel Zeit, diesem Rätsel nachzuspüren, denn schon schwebten die ersten Töne der Geige durch den Saal. Bald merkte ich, der Mann war ein Künstler von Gottes – oder sage ich lieber – von Teufels Gnaden. So hatte ich noch nie spielen hören! Es war gewiss keiner im Saale, der größeren Widerwillen gegen den Menschen hegte als ich, und doch – wie zwang er mich in den Bann seiner Töne! Was war das aber auch für ein dämonisches Spiel. Nichts von den alt hergebrachten Harmonien und Rhythmen; das wogte und stürzte, klagte und jubelte, bald wie süße Engelsstimmen, bald wie ein Trotzlied verdammter Titanen, und schlich sich ins Herz – ins Herz! Und endlich zum Schlusse dies sanfte Hinsterben der Klänge, dies erdenentrückte Auflösen hinüber in eine Welt unbekannter, dämmernder Fernen mit süß lockenden, geheimnisvoll verschleierten Zielen – ich saß wie in einem Traume. Doch als der letzte Bogenstrich verklungen und mich das Beifallsklatschen der begeisterten Hörer zu mir brachte, war mein erster Gedanke: Wila! Wie mochte das auf sie gewirkt haben!

Rasch sah ich nach ihr hin. Das junge Mädchen saß noch mit geschlossenen Augen da, in völliger Vergessenheit. Auf ihrem zart geröteten, lieblichen Antlitze lag der Glanz einer seligen Wonne, aber an ihren weichen, dunklen Wimpern perlte eine Träne. Doch jetzt hob sich ihr Auge, wie das eines Menschen, der aus einem süßen Traume erwacht. Aber nicht mir galt ihr Blick, sondern dem bleichen Manne da oben, der sich immer wieder bei dem tosenden Beifalle verneigen musste und der nun, sich aufrichtend, auf Wila schaute. So tauschten sie einen langen Blick, in dem ihre Seelen sich ineinander zu saugen schienen. Sie schaute zu ihm auf, verzückt, hingebend, bewundernd wie zu einem Gotte, der sie soeben einer Offenbarung gewürdigt hat. Und er blickte auf sie mit einem halb verzehrenden, halb spöttisch triumphierenden Ausdrucke. Diese Wahrnehmung riss mich aus dem Banne seiner Kunst. Ich glaubte, in die Augen eines Raubtieres zu sehen, das mit lauernden, glühenden Blicken auf das Opfer starrt, das ihm nicht mehr entgehen kann; und gleichzeitig stieg eine namenlose Angst in mir auf um das liebe, reine Geschöpf da neben mir.

Fast schweigend gingen wir nachher zusammen nach Hause. Zum ersten Male lastete auf uns beiden eine Scheu, dem anderen das geheimste Empfinden zu verraten. Und als ich vor Wilas Tür mich verabschiedete, da mied ihr Auge meinen angstvoll forschenden Blick. Seitdem lag etwas zwischen uns, das die frühere herzliche Vertraulichkeit fernhielt. Der

Zufall wollte zudem, dass ich, wie schon erwähnt, gerade in jener Zeit durch meinen Beruf außergewöhnlich in Anspruch genommen wurde. So kam ich erst wieder nach mehreren Tagen dazu, Wila aufzusuchen. Aber ich fand sie nicht zu Hause. Nach einigem Zögern gestand mir die alte Amme, dass sie einen Spaziergang mache, aber nicht allein – der fremde Künstler, den sie seit Kurzem kennengelernt, habe sie abgeholt. Ich sank, wie von einem furchtbaren Schlage getroffen, auf den nächsten Stuhl. Nachdem das Eis nun einmal gebrochen, schüttete mir die redselige Alte ihr Herz aus. Sie habe ja immer zu mir Vertrauen gehabt, da ich es ja so gut mit dem gnädigen Fräulein meine. Aber vor dem andern, da graue ihr, seit dem ersten Augenblicke, da sie ihn gesehen. Das sei ein unheimlicher Mensch. Und mir näher rückend, flüsterte sie mir zu: er gleiche dem Vlatopuk, von dem man in ihrer Heimat so viel zu erzählen wisse, dem Vampir, der Menschengestalt annimmt und sich von dem Herzblute junger Bräute nährt. Die gespenstischen Augen, der rote Mund – das seien seine untrüglichen Anzeichen. Ich hätte nur sehen sollen, was sie gesehen hätte, wie er Wila, sich unbeobachtet wähnend, förmlich verschlinge mit seinen Blicken. Und einmal, als er bei ihrem ausgeschnittenen Kleide ihren weißen, feinen Hals gesehen, da habe es geglüht in seinen Augen wie in den blutigen Augen eines Wolfes. Mit dem sei es nicht richtig.

Ich redete der Alten ihren Unsinn aus, wiewohl ich

mich selber eines Schauderns bei ihren Worten nicht erwehren konnte. Eines aber stand fest bei mir: ich musste nun ein offenes Wort mit Wila reden, um sie zu retten.

Ich erwartete daher ihre Rückkehr. Endlich kam sie. Auf ihrem Antlitze lag wieder jener rosige Abglanz innerer Glückseligkeit wie damals, ja, noch etwas anderes, das mir vorläufig noch nicht klar war; aber sie kam mir gereifter, weiblicher vor.

Als Wila mich in dem dämmernden Zimmer plötzlich gewahr wurde, erschrak sie erblassend und fuhr sich mit einem leisen Aufschrei nach dem Herzen. Das war mir der größte Schmerz, zu sehen, wie ich ihr Furcht einflößte. So traf mich denn ihre Eröffnung, die sie mir gleich darauf auf meine ernst-freundschaftliche Zusprache hin machte, kaum noch schlimmer – dass sie sich nämlich soeben mit Miklós Jassy verlobt habe. Noch einmal alle meine Kraft zusammennehmend, suchte ich ihr die Bedenken dagegen, namentlich auch ihrer Gesundheit wegen, klar zu machen. Sie hatte nur eine Antwort darauf:

›Ich kann ja nicht anders! Und wenn ich krank bin, so lassen Sie mir doch erst recht dieses Glück, diese Seligkeit – wer weiß, wie lange ich mich ihrer noch erfreuen werde. O – Sie ahnen ja nicht – wie überirdisch schön solch Glück ist!‹

Diesen Worten und dem stummen Flehen ihrer Blicke gegenüber war ich machtlos. Mit einem wortlosen Händedrucke ging ich von ihr.

Es war das letzte Mal, dass ich Wila sah.

Ich mochte in der nächsten Zeit Wila nicht aufsuchen. Retten konnte ich sie nicht mehr; was sollte ich sie in ihrem kurzen Traume stören? Da wurde ich einige Tage später – es war am 23. Juli, ich weiß es noch wie heute – in früher Morgenstunde von einem Boten zu der Ferme[1] gerufen, wo Wila wohnte: Es sei etwas mit dem gnädigen Fräulein passiert.

In wahnsinniger Aufregung und Hast stürzte ich zu dem Landhause hinaus. In den Parterregemächern des Seitenflügels, wo sie ihr Logis hatte, fand ich im Vorzimmer die alte Amme sitzen, verstört vor sich hinstarrend. Ich rüttelte sie aus ihrer Lethargie auf, und mein Anblick ließ sie in eine Flut von Tränen und wirren Klagen ausbrechen. Endlich brachte ich sie dazu, mich in Wilas Schlafgemach zu führen; es war das letzte der im Erdgeschoss gelegenen Räume, und ich betrat es zum ersten Male. Auf einem Diwan, von einer Decke ganz verhüllt, lag eine reglose Gestalt. Von einem furchtbaren Ahnen ergriffen sprang ich hinzu und riss die Decke fort. Da lag sie, in dem weißen, zarten Gewand anzusehen wie ein schlummernder Engel, und war – tot.

Es war nicht gleich, dass ich wieder so viel Besinnung und Kraft gewann, um nach umfassender ärztlicher Prüfung dies furchtbare Resultat festzustellen. Nicht einmal – nein, wohl dutzende Male stellte ich

[1] Meierei, Pachthof.

alle denkbaren Versuche an, sie zu beleben, untersuchte ich sie immer wieder – es konnte, es musste ja doch wohl nur eine Täuschung sein! Aber nein – endlich konnte ich mich selbst nicht mehr belügen:

›Wila war gestorben – ohne Abschied für immer von mir gegangen.‹«

Ich gönnte Doktor Gérard, vom tiefsten Mitgefühl ergriffen, eine lange Frist, der Bewegung Herr zu werden, die ihn bei der Erinnerung an das Furchtbare überkommen hatte. Endlich fragte ich:

»Und die Ursache ihres Todes, erfuhren Sie sie nie?«

Langsam erwiderte mein Begleiter:

»Ganz aufgeklärt ist sie nie worden. Doch ahne ich wohl den Zusammenhang. Soweit ich feststellen konnte, ist Wila an einem Herzschlag gestorben. Bei genaueren Nachforschungen, die ich in dem Zimmer vornahm, fand ich vor dem Kamin den nicht ganz verbrannten Rest eines dort vernichteten Briefes an Wila. Es waren einige von einer Männerhand geschriebene leidenschaftliche Bitten, dem Briefschreiber endlich die ersehnte Gelegenheit zu einem ungestörten Beisammensein zu geben, da er sonst an der Wahrheit ihrer Liebe zweifeln müsse. Ferner waren die Flügel und die Läden[1] eines Fensters in dem Zimmer nur angelegt. Wenn ich schließlich noch an die aufflammenden, gierigen Blicke Miklós Jassy dachte, so wusste ich genug. Seine wahnsinnige Leidenschaft

[1] Im Original: Laden.

hatte sie verzehrt. Wila musste unter seinen Küssen gestorben sein. Der Umstand, dass der Geiger am selben Morgen plötzlich abgereist war, bestärkte diese Vermutung.«

Schweigend schritten wir nebeneinander dahin, bis wir vor Doktor Gérards Wohnung angelangt waren. Er reichte mir zum Abschied stumm die Hand. Da konnte ich mein Gefühl nicht länger mehr zurückdrängen:

»Armer Doktor!«, sagte ich. »Sie haben sie sehr geliebt.«

Er erwiderte nichts; doch fühlte ich den krampfhaften Druck seiner Hand. Dann trat er ins Haus.

Im Banne des Vampirs

Ein Nachwort des Herausgebers

Schon bald nachdem der Mensch das Schreiben erfand, tauchten in den überlieferten Dokumenten auch Berichte und Geschichten von Gespenstern und anderen dunklen Geschöpfen auf, die nur danach trachten, den Lebenden ihr Dasein schwer zu machen und sich von deren Blut zu nähren.

Niemand weiß genau, wann dieser Glaube aufkam, doch sicherlich würde sich niemand wundern, wenn sich auch schon die frühesten Menschen vor tausenden von Jahren vor derlei Kreaturen der Nacht gefürchtet haben.

Am populärsten dürfte heute die Gestalt des Vampirs sein, dessen mythologische Herkunft in den Balkanstaaten und im gesamten slawischen Raum zu verorten ist.

Was ein Vampir nun genau ist und was das Wort überhaupt bedeutet, darüber ist schon viel geschrieben und gemutmaßt worden, sodass es müßig wäre, dies hier zu wiederholen. Tatsache ist, dass sich Vampire, so wie wir sie heute kennen, seit dem frühen

18. Jahrhundert einer großen Popularität erfreuen[1] und uns Menschen seitdem immer wieder das Gruseln lehren.

Nach ersten schreckenerregenden Berichten aus Bulgarien, Rumänien und Ungarn über geheimnisvolle Todesumstände und Leichen, die anscheinend nicht verwesten, wurden zahlreiche mal mehr, mal weniger wissenschaftliche Untersuchungen gestartet, die Licht in diese mysteriösen Geschehnisse bringen sollten. Dazu wurde ausführlich in den Zeitungen berichtet und zahlreiche Traktate verfasst, sodass der alte Volksaberglaube von untoten Wiedergängern, die das Blut und damit die Lebensenergie ihrer Opfer aussaugten, bald in ganz Europa bekannt wurde. Da war es nur noch eine Frage der Zeit, bis das neue, schreckenerregende Phantom des Vampirs auch künstlerisch verarbeitet wurde. Besonders im deutschsprachigen Raum fiel die Legende auf fruchtbaren Boden und hielt Einzug in die schöngeistige Literatur und die Musik. Als frühestes derzeit bekanntes Zeugnis dieser literarischen Auseinandersetzung mit dem Thema gilt heute das von Heinrich August Ossenfelder verfasste kurze Gedicht *Der Vampir oder: Mein liebes Mägdchen glaubet*, welches 1748 zuerst in einer naturwissenschaftlichen Zeitschrift veröffentlicht wurde:[2]

---

[1] Es gibt wohl kein Genre der Kunst, das sich nicht irgendwann einmal mit dem Thema Vampire auseinandersetzte, sei es nun Literatur, Theater, Musik oder die Bildenden Künste.

[2] *Der Naturforscher. Eine physikalische Wochenschrift*, Nr. 47–48, Leipzig, Sonnabend, den 25. des Mays, 1748.

Mein liebes Mägdchen glaubet
Beständig steif und feste,
An die gegebnen Lehren
Der immer frommen Mutter;
Als Völker an der Theiße
An tödliche Vampire
Heiduckisch feste glauben.
Nun warte nur Christianchen,
Du willst mich gar nicht lieben;
Ich will mich an dir rächen,
Und heute in Tokajer
Zu einem Vampir trinken.
Und wenn du sanfte schlummerst,
Von deinen schönen Wangen
Den frischen Purpur saugen.
Als denn wirst du erschrecken,
Wenn ich dich werde küssen
Und als ein Vampir küssen:
Wenn du dann recht erzitterst
Und matt in meine Arme,
Gleich einer Toten sinkest
Als denn will ich dich fragen,
Sind meine Lehren besser,
Als deiner guten Mutter?

Schon bald folgten weitere Werke, die sich des Themas annahmen, wie beispielsweise von Gottfried August Bürger, Johann Wolfgang von Goethe, Novalis und Heinrich Heine; ebenfalls in Gedichtform oder in Prosa etwa bei E. T. A. Hoffmann und dem neben Christian August Vulpius wohl ersten hiesigen Bestseller-Autor Ignaz Ferdinand Arnold, dessen Werke den Zeitgenossen schon bald als Inbegriff der frühen deutschen Trivial- und Schundliteratur galten und dessen 1801 erschienener Roman *Der Vampyr* heute leider als verschollen gilt[1].

Etwa um die Wende vom 18. zum 19. Jahrhundert verlagerte sich das stilbildende Literaturgeschehen aber vom deutschen in den angelsächsischen Sprachraum, wo Schauergeschichten ein dankbares Lesepublikum fanden und auch viele der deutschsprachigen Publikationen dieser Zeit ins Englische übersetzt wurden. Deren Erfolg regte nun auch einheimische Autoren an, sich des Themas anzunehmen, und so erschien 1801 mit dem Poem *Thalaba the Destroyer* von Robert Southey das erste bedeutende Werk der englischsprachigen Literatur, in dem das Thema Vampire einen Teil des umfangreichen Dichtwerks ausmacht. Etwa zur gleichen Zeit arbeitete auch Samuel Taylor Coleridge an einer umfangreichen Vampirballade, die er *Christabel* betitelte und die leider unvollendet blieb, sodass er das trotzdem recht umfangreiche Fragment erst 1816 zur Veröffentlichung freigab. Bereits 1810 erschien mit *The Vampyre* von John Stagg ein weiteres, noch heute sehr bekann-

[1] Da der Herausgeber außer einer Ankündigung und späteren Werksauflistungen des Autors keine Rezension zu dem Roman auffinden konnte, besteht auch die Möglichkeit, dass das Werk – aus welchem Grund auch immer – zwar angekündigt wurde, später aber vielleicht doch nicht erschienen ist.

tes Gedicht. Und auch der bekannte und berüchtigte Lord Byron setzte sich in einem Abschnitt seines ebenfalls nur Fragment gebliebenen Epos *The Giaour* mit dem Vampirmythos auseinander.

Aber auch im Bereich der Prosa verstanden es die englischen Autoren, den deutschen schon bald den Rang abzulaufen und in ihren Werken jene Akzente zu setzen, die bis heute den wohl größten Einfluss auf die Vampirliteratur ausüben. So erschienen im Jahr 1819 gleich zwei Texte, die international sehr erfolgreich waren. Der eine Text war eine nur Fragment gebliebene Novelle von Byron, die aber trotzdem internationale Verbreitung fand, noch nachhaltiger war jedoch die Erzählung *The Vampyre: A Tale* von John William Polidori, die allerdings, trotz besseren Wissens des Verlegers, zuerst unter Byrons Namen erschien. Sie trat einen wahren Siegeszug um die Welt an[1] und beeinflusste das Genre so nachhaltig wie keine andere Vampirgeschichte zuvor. Mit der von ihm erdachten Figur des Lord Ruthven schuf Polidori das Bild des edelblütigen und charismatischen Vampirs, wie es in der Folgezeit zum Idealbild des Blutsaugers wurde, um dann, zum Ende des Jahrhunderts, in der von Bram Stoker erdachten Figur des Grafen Dracula[2], der bis heute bekanntesten aller Vampirfiguren, seinen literarischen Höhepunkt zu erreichen. Dazwi-

[1] Schon kurz nach dem Erscheinen wurde die Erzählung in zahlreiche Sprachen übersetzt, von anderen Autoren fortgesetzt oder adaptiert. Sie war auch Vorlage für Theater- und Opern-Aufführungen.

[2] Bram Stoker, *Dracula*, London 1897.

schen erschienen zahlreiche noch heute bekannte Vampirwerke wie die beiden Balladen *Lamia* und *La Belle Dame sans Merci* (beide 1820) von John Keats, die erste, wohl von James Malcolm Rymer verfasste Vampir-Serie *Varney the Vampyre* (1845) und natürlich auch die von Joseph Sheridan Le Fanu verfasste Novelle *Carmilla* (1872).

Aber auch im übrigen Europa wurde das Vampirgenre immer beliebter, sei es nun beispielsweise in Frankreich mit Werken von Théophile Gautier, Alexandre Dumas, Prosper Mérimée, Charles Baudelaire und dem heute wenig bekannten Cyprien Bérard, der bereits 1820 eine Fortsetzung zu Polidoris *Vampir* vorlegte, oder in Russland, wo sich unter anderen Nikolai Gogol und Alexei Tolstoi aus slawischer Sicht mit dem Vampir-Mythos auseinandersetzten.

Auch im deutschen Sprachraum gingen die Vampire weiterhin recht zahlreich auf Blutjagd. Es entstanden unzählige Vampir-Erzählungen und -Romane, von denen viele recht erfolgreich in andere Sprachen übersetzt wurden, darunter auch die von Ernst Raupach geschriebene Novelle *Lasst die Toten ruhen* (1823), die in Deutschland für einen kleinen Skandal sorgte und in ihrer englischen Übersetzung im Vereinigten Königreich ein großer Erfolg wurde, wobei der Text fälschlicherweise Ludwig Tieck zugeschrieben wurde.

Eine weitere der ungezählten Vampirgeschichten, die zwischen 1800 und 1900 in der deutschen Presse abgedruckt wurden, stellt das vorliegende kleine Bändchen vor. Verfasst wurde sie vermutlich gegen 1899 von Paul Grabein und erschien, soweit dem Herausgeber bekannt ist, am 31. Oktober 1899 im *Mährischen Tagblatt* (Olmütz) und am 7. und 15. November ein weiteres Mal in der in Linz ansässigen *Tagespost.*

Paul Grabein (1869–1945) war ein Philosoph, Journalist, Schriftsteller und Beamter, der zunächst eine Laufbahn als Universitätsprofessor anstrebte. Aus einer Beamtenfamilie stammend, besuchte er in Berlin das Gymnasium und später die Universitäten in Berlin, Jena und Halle, wo er Philosophie und neuere Philologie studierte und an letzterer auch zum Doktor der Philosophie promovierte. Da ihm seine Gesundheit aber eine Dozententätigkeit verbot, verlegte er sich auf den Journalismus und war in den kommenden Jahren Mitarbeiter, Redakteur und Chefredakteur verschiedener Zeitungen und Zeitschriften. Während dieser Zeit verfasste er auch seine ersten belletristischen Arbeiten, die er in verschiedenen Zeitungen unterbringen konnte. Darunter auch die hier dem interessierten Leser wieder vorgestellte Erzählung *Der Vampir.* Grabein war auch als Herausgeber tätig und entschloss sich ab 1909 für eine Laufbahn als freier Schriftsteller. 1914 meldete er sich als Freiwilliger zum Kriegsdienst, wurde aber bereits 1915 aus gesundheitlichen Gründen wieder freigestellt. Da die Schriftstellerei allein nicht ausreichte, um ihn zu ernähren, sah er sich nach anderen Tätigkeiten um und arbeitete für Reedereien in Bremen und Hamburg, was ihm den Weg zum Referenten für Schifffahrtsangelegenheiten im Reichsarbeitsministerium ebnete, wo er dann ab 1921 tätig war und sogar bis zum Ministerialrat aufstieg. Während dieser Zeit schrieb er nebenbei immer weiter und versuchte sich dabei in den verschiedensten Genres. Er verfasste sowohl Erzählungen, Romane als auch Theaterstücke und Sachtexte.[1] Während der Zeit des Ersten Weltkriegs und der ersten Jahre danach schrieb er auch eine Reihe sogenannter Durchhaltetexte und andere patriotische Erzählungen, in denen Deutschland und die Deutschen in die Opferrolle gedrängt wurden. Beispielhaft mag dafür sein Propagandatext *Zehn Gebote für das deutsche Volk* stehen.[2]

Seine frühe Erzählung *Der Vampir* folgt klar erkennbar dem Vorbild Polidoris, indem sein Vampir, zwar kein Adliger, so doch ein äußerst charismatischer Musiker, es auf Wila[3] Balcesku, die Tochter eines rumänischen Edelmanns abgesehen hat. Diese wurde aufgrund ihrer angegriffenen Gesundheit nach

---

[1] Wikipedia, *Paul Grabein*, https://de.wikipedia.org/wiki/Paul_Grabein#cite_ref-1.

[2] *Süddeutsch-alpenländisches Tagblatt. Freie Stimme. Deutsche Kerntner Landeszeitung*, Nr. 163 (43. Jahrg.), Klagenfurt, Freitag, den 20. Juli 1923.

[3] Möglicherweise hat der Autor den Namen mit Bedacht gewählt, denn wie Vampire gehört auch die Wila zur südosteuropäischen Mythologie. Nach dem dortigen Glauben werden junge Frauen, die während ihrer Brautzeit sterben, zu Wilen. Diese treffen sich dann, ähnlich den Feen und Elfen, zu nächtlichen Versammlungen mit Gesang und Reigentänzen, die für diejenigen gefährlich werden, die sie dabei beobachten. Sie ziehen nämlich die Menschen, besonders junge Burschen, in ihren Kreis und überschütten sie mit Küssen, mit denen sie den Opfern ihre Lebensenergie aussaugen und sie somit töten. Sie gelten damit als eine Art von weiblichen Vampiren.

Montreux zur Kur geschickt, wo sich der Arzt Doktor Gérard ihrer annimmt und sie wieder heilen kann. Doch plötzlich, als der ungarische Geigenvirtuose Miklós Jassy in der Stadt erscheint, wird Wila von einer merkwürdigen Unruhe befallen, die sich der Doktor nicht erklären kann. Er weiß nur, dass der ungarische Gast etwas damit zu tun haben muss. Erst viel zu spät bemerkt er dann, obwohl er vorher gewarnt worden war, wer sich hinter der Maske des mysteriösen Musikers tatsächlich verbirgt.

Man sieht, Grabein baute seine Geschichte ganz so auf, wie man es am Ende des 19. Jahrhunderts von einer Vampir-Erzählung nach englischen Vorbildern erwarten konnte. Es ist davon auszugehen, dass er zumindest Polidoris *Vampir* und möglicherweise auch weitere, ähnliche Texte kannte. Sein Vampir kommt, ganz klassisch, wie auch Stokers Dracula, aus dem südosteuropäischen Raum, ebenso sein Opfer. Der zweite Erzähler oder Protagonist der Binnenerzählung des Textes ist ein Franzose, also ein Westeuropäer, der als gebildeter Mann natürlich nicht an Vampire glaubt und sie sogar für lächerliche Märchen- und Sagengestalten hält. Umso größer ist dann sein Schrecken, als er erkennen muss, wie sehr er sich getäuscht hat.

Damit bietet Grabeins Novelle zwar keine allzu großen Überraschungen für den in Schauergeschichten bewanderten Leser, sodass der Autor am Ende seiner Erzählung auch nicht viel Neues zum Vampir-

Genre beigesteuert hat. Dennoch lässt sich sein kleiner Text auch heute noch recht gut lesen und dürfte, vor allem für Vampirfreunde, noch immer eine interessante und kurzweilige Lektüre darstellen, bei der es sich, so hofft es der Herausgeber und Verleger, am Ende gelohnt hat, sie mit der vorliegenden kleinen Publikation der Vergessenheit entrissen zu haben.

In gleicher Ausstattung sind die folgenden Bände erschienen oder befinden sich in der Vorbereitung:

Kleine Dornbrunnen Bibliothek

In der Reihe Kleine Dornbrunnen Bibliothek erscheinen Werke der klassischen Unterhaltungsliteratur, die seit vielen Jahrzehnten nicht mehr oder noch niemals in deutscher Sprache verlegt worden sind.

1. *Jules Verne*
Pierre-Jean
Eine Erzählung

2. *Alexandre Dumas*
Der Pfarrer Chambard
Eine Kriminalgeschichte

3. *Hippolyt Tauschinsky*
Neues vom Doktor Ox
Drei elektrische Geschichten

4. *Emilio Salgari*
Die Wilden von Papua
Zwei Seemannserzählungen

5. *Sir John Retcliffe* (H. Goedsche)
Maria, der Ägypterin Liebes- und Bussfahrten
Eine Novelle und zwei Gedichte

6. *Karl May*
Nach Sibirien
Eine Kriminalgeschichte

7. *Edgar Wallace*
Auf der Strasse nach Witney
Zwei weihnachtliche Kriminalgeschichten

8. *Paul Grabein*
Der Vampir
Eine Erinnerung

9. *Alexandre Dumas* (Sohn)
Der Gehenkte von la Piroche
Eine sonderbare Geschichte

– Weitere Bände in Vorbereitung –

Im gleichen Verlag in der Buchreihe:

Taschenschmöker aus Vergangenheit und Gegenwart

In der Reihe Taschenschmöker aus Vergangenheit und Gegenwart erscheinen Werke der klassischen Unterhaltungsliteratur, die seit vielen Jahrzehnten nicht mehr oder noch niemals in deutscher Sprache verlegt worden sind.

1. *Jules Verne / Michel Verne*
   Der Humbug
   Vier Erzählungen
2. *Alexandre Dumas*
   Eine Amazone
   Zwei Novellen
3. *Gustave Aimard*
   Eine mexikanische Rache
   Eine Erzählung aus dem wilden Mexiko
4. *Jules Verne*
   Der Weg nach Frankreich
   Historischer Roman
5. *Friedrich J. Pajeken*
   In Sturm und Not
   Eine Erzählung aus dem Wilden Westen
6. *Jules Verne*
   Der Graf von Chanteleine
   Eine Episode aus der Revolutionszeit
7. *Anthologie*
   Ein Drama in den Lüften
   Erzählungen aus luftigen Höhen
8. *Alexandre Dumas*
   El Salteador
   Ein Roman aus der Zeit Karls V.
9. *Emilio Salgari*
   In der Eiswüste
   Erzählungen aus arktischen Regionen
10. *Sir John Retcliffe*
    Das tote Haus
    Eine Novelle aus Düsseldorfs Vorzeit
11. *Gustave Aimard*
    Der Löwe der Wildnis
    Zwei Erzähl. aus dem wilden Mexiko
12. *Sir John Retcliffe*
    Der letzte Wäringer
    Novelle a. d. letzten Tagen Konstantinopels
13. *Emilio Salgari*
    Die Rose vom Dong-Giang
    Eine abenteuerliche Novelle aus Cochinchina
14. *François-Édouard Raynal*
    Die Schiffbrüchigen
    Zwanzig Monate auf den Aucklandinseln
15. *Alexandre Dumas*
    Die Taube
    Ein Briefroman
16. *Edgar Wallace*
    Der Geist von Down Hill
    Zwei Kriminalkurzromane
17. *Sir John Retcliffe*
    Nach Cayenne!
    Eine historisch-politische Novelle
18. *Philip Francis Nowlan*
    Armageddon 2419
    Eine Science-Fiction-Erzählung
19. *Jules Verne*
    Ein Lotterielos
    Eine norwegische Geschichte
20. *Max Eschner*
    An der Pazifikbahn
    Eine Erzählung aus dem Wilden Westen
21. *Alexandre Dumas*
    Ein Maskenball
    Vier Novellen
22. *Max Eschner*
    Das Zaubergewehr
    Zwei Erzählungen aus dem Wilden Westen
23. *Henry Rider Haggard*
    Smith und die Pharaonen
    Zwei fantastische Erzählungen
24. *Anthologie*
    In Eis und Schnee
    Eisige Erzählungen
25. *Emilio Salgari*
    Der Schatz des Präsidenten
    Eine Erzählung aus der argentinischen Pampa
26. *Jules Verne / Michel Verne*
    Die Welt der Messieurs Verne
    Biografische und wissenschaftliche Plaudereien
27. *André Laurie / Jules Verne*
    Der Findling von der Cynthia
    Ein Roman
28. *Jules Verne*
    San Carlos
    Zwei Schmugglergeschichten
29. *Anthologie*
    Nachrichten vom Mars
    Eine Anthologie von Mars-Geschichten
30. *Anthologie*
    Im Glanz des Mondes
    Eine Anthologie von lunaren Geschichten
31. *Jules Verne*
    Die Eroberung Roms
    Eine historische Erzählung
32. *Alexandre Dumas*
    Pauline
    Ein Roman

– Weitere Bände in Vorbereitung –